순비기나무

순비기나무

유병석 시집

| 시인의 말 |

낯이면 안개에 묻히고
밤이면 바람에 날리는 섬
포성에 온몸을 떠는 섬
오지낭 까마득한 낭떠러지에서
살아 있는 나를 봅니다.
외로운 나날들
매일 바다를 갑니다.
해초무늬 돌을 만나
돌과의 사랑이 깊어졌습니다.
내 안의 섬
언제나 그 속에서
자그락거리며 반짝이는 당신
당신은 내게 한 줄 시詩입니다.

| 차례 |

2부 생명

3부 인생

해설_고광식

1부 대청도

섬사람들

1. 정상 출항

하루 세 번의 배편
화제의 중심은 늘 출항 여부
봄부터 여름까지는 안개 걱정
여름부터 가을까지는 태풍 걱정
늦가을부터는 풍랑 걱정
자식 걱정, 부모 걱정
'정상 출항' 메시지에 환해지는 검은 얼굴
삶도 오늘은 정상이 된다.

2. 안개 대기

아침이면 불쑥 찾아오는 '안개 대기'
예측 불가능한 바다의 뿌연 심술
여덟 시 출항 전까지 대기
아홉 시 대기
열 시 대기
열두 시 대기

희망은 점점 안개에 묻히고
심신은 짠물에 젖은 하얀 솜이다.

3. 통제

대청으로 들어오는 아침
구내방송에 귀 기울인다.
'대기' 가 '통제' 로 바뀔 때
아! 하고 터져 나오는 탄식
서둘러 내일의 배표를 선점하고
이제 어디론가 가야 한다.
가방 속 생필품을 잔뜩 끌고
냉동식품이 녹기 전에 어디론가 가야 한다.

뱃멀미

포도를 좋아하는 아이
육지 나가는 아버지를 졸랐다.

아버지는 돌아오는 날
포도나무 한 그루를 배에 태웠다.

파도가 높은 날
짐칸에서 나무는 멀미를 심하게 하였다.

늦봄, 모두가 잠든 사이
작은 잎들을 왈칵 토해냈다.

대청도 보름달

선진동 방파제에 보름달이 걸렸다.
노랗게 떨어지는 부스러기
까나리와 학꽁치가 달려들어
달 부스러기를 주워 먹고 있다.

달이 삼각산에 걸렸다.
산꼭대기 대공초소 막막한 이등병
날짜를 세고 또 세다
달의 품에 얼굴을 묻었다.

양지동 달이 버스를 따라간다.
야간자율학습 끝난 섬 아이들
눈 감아도 따라오는 달은
도시로 떠난 엄마 얼굴

달이 학교 뒷산에 걸렸다.
가족을 두고 온 선생님들
우르르 몰려나와
달구경을 한다.

달이 깜짝 놀라
쑥 골로 넘어갈 때
벌개미취 같은 별들
하얗게 피었다.

순비기나무

나는 대청도의 순비기나무
미아동 모래언덕이 내 집이지

나는 옆으로 크는 나무
친구들과 손잡고 언덕을 가득 메운다네.

겨울에 사람들은 우리를 보고 말하지
죽은 넝쿨이야?
말라빠진 줄기인가?

그 소리에 모두가 폭소를 터트리면
그 바람에 모래들은 옥죽포로 날아가지

늦봄, 도톰한 잎들을 피워내면 우리를 보고 말하지
웬 풀이야?

여름에 우리를 보면 모두가 깜짝 놀란다네.
이제 미아동은 보라색 꽃밭
벌과 나방은 꿀을 따느라 정신없지

언제든 나를 찾아오면 슬며시 발 걸어 줄게
내 곁에 앉아 모래 속 내 손을 잡아봐
굽이굽이 감춰진 천 년 바다의 이야기를 들려줄 테니

해초무늬 돌

원시의 바다
하늘하늘 피어난 붉은 해초
큰 지진과 화산의 폭발
해초는 캄캄한 지층 속에 갇히고
지층은 솟아 바위산이 되고
부서져 바다로 떨어지고
파도가 날마다 바위를 굴려
천 년을 깎아낸 아침

그가 다시
눈을 뜨고
햇살 아래 잎들을 펼치고 있다.

약속의 돌
곁에 두었다.
다시 만날 수 있다는
만나 함께할 수 있다는
암흑에 갇혀 심해로 가라앉은 마음도
다시 밀려올 수 있다는
그 돌 가슴에 품고 반평생쯤 세상 속에 굴리면

깨어나 말 걸어올 수 있다는

그날이 오면
오래된 사랑 하나
돌 속에서 풀려날 것이다.

우체국 가는 길

편지를 쓴다.
참 오랜만이다.
섬으로 발령을 받고 한 약속
한 달에 한 번 편지를 쓰자.
낯선 우표를 사고
두 통의 편지를 썼다.
함께 넣은 동시에서 바다냄새가 났다.
해병부대를 지나 산을 넘어
바닷가 우체국까지 걸었다.
안주머니가 내내 따뜻했다.
우체통에 무엇을 넣기는 오랜만이다.
편지는 느린 화물선을 탈 것이다.
기상이 나쁘면 아주 오래 걸려
열흘 전 보낸 편지보다 사람이 먼저 가기도 하는데
돌아오는 한 시간의 산길
텅 빈 안주머니에 다음 이야기들을 적어 넣는다.

쥐노래미

눈이 작은 쥐노래미는
겁이 없다.
바위틈을 누비며 장난이 심하다.
깜짝 놀란 우럭이
큰 눈을 껌벅이며 가시를 세우면
미역 줄기 사이로 재빨리 도망친다.

눈이 작은 둘째는
온 집안을 뒤지느라 바쁘다.
두 번, 세 번 말해도
귀 없는 듯 있다가
엄마 눈이 노래미처럼 변할 때
자전거를 타고 바람처럼 사라진다.

고사리

한 시절 이토록 주목받는 삶은
흔치 않다.
깊은 산 속에서도
버려진 무덤에서도
바닷가 모래 언덕에서도
봄날 일제히
머리를 들고 일어선다.
뚝뚝
머리를 분지르는 힘과 힘 사이
고사리는 시간과 치열한 전투 중이다.

가을이 오는 소리

홍합이 커가는 소리
우럭이 굵어지는 소리

건너편 백령도가 선명해지는 소리
장산곶이 백령처럼 보이는 소리

서고개를 넘어오는 숨 가쁜 바람의 소리

왜가리가 짐을 싸는 소리
농어가 먼 바다로 나가는 소리

여객선이 육지로 떠나는 소리
누군가 그리워지는 소리

농여 해변

태양이 검은낭을 건너오면
가는 모래 속에 골프 티를 찔러 넣고
공과 함께 올려보는 그리움

고개를 들어 수평선을 바라보면
백령도가 보이는 푸른 바다
숭어의 높이뛰기 연습이 한창이다.

힘껏 아이언을 휘두르면
백령도를 건너
장산곶까지라도 닿을 듯한데

하얀 궤적을 따라 붉게 태양은 지고
가마우지 귀갓길
어둠이 따라온다.

기르마가리

백석의 마가리를 아시나요?
나도 마가리를 찾아왔습니다.
대청도의 기르마가리지요.
세상에 진 것은 아닙니다.
안개 가득한 날
아무도 없는 서풍받이 언덕에
나타샤를 위한 궁전을 짓지요.
내 안의 그는 바람을 타고 옵니다.
소청등대 불빛이 지나는 길목
바람과 풀로 지은 집
별빛이 집안을 채웁니다.
즐거운 나를 보며
검은 염소들이 웁니다.

타조

많은 타조를 만났다.
동물원 타조들은 늘 기웃거렸고
농장 타조들은 큰 눈이 슬펐다.
바닥은 지저분했고 냄새가 고약했다.
아프리카 반사막지대에서 살아야 할 새
온대의 나라 곳곳에는 어울리지 않았다.

섬에서 타조를 만났다.
모래사막을 걷고 있었다.
아직 새순도 돋지 않은 갈색의 나라
마른 풀들 사이를
모래 빛깔로 걷고 있었다.
철장도 없이
주인도 없이
원래 그랬듯이
텃새처럼 살다가
원래 없었던 듯이
어느 날 사라졌다.

내가 아는 가장 행복했을 타조

같이 어울렸던 바람은
오늘도 모래를 날려
타조 발자국을 만들고 있다.

모래사막

모래가 우수수 떨어져 내렸다.
내려다보면 낙타의 발굽
열다섯 시간을 일하고 집에 들어서면
거울 속에는 우울한 눈동자
낙타가 있었다.
낙타는 때로 사자가 되었다.
증오에 불타 독설을 으르렁거렸다.
낙타는 아이가 되고 싶고
사자도 아이가 되고 싶어
도시를 떠나 사막으로 왔다.
옥죽동 모래사막
낙타를 풀어놓았다.
사자를 내려놓았다.
모래사막 꼭대기
주먹을 쥐고 있어도
치유의 모래들이 흘러내렸다.

겨울바람

평생 만나지 못했던 바람을 만났지
바람이 많이 부는 밤은 더욱 외로워졌어
그대가 함께 있으면 천국이겠다 싶었지
섬의 부부들이 다 행복하지는 않았어
일부는 지옥인 듯, 감옥인 듯 살았고
바람처럼 떠나가기도 했지
좁은 섬이지만 몰래 부는 바람들도 있었어
바람을 타고 많은 말이 날아다녔지
많은 밤을 홀로 잠들다 꿈을 꾸었어
차가운 작은 방에서 술에 취하기도 했지
밤에는 자주 눈이 내렸고
아침이면 바람이 눈을 바다로 날려 보냈어

물 내린 골

삼각산 아래 고주동
고주동 옆 돌이 예쁜 노랑구미
노랑구미 길 지나면 쓸쓸한 묘지길
해마다 몇 분씩 옮겨 가신다.

공동묘지 아래 가파른 절벽 길
낚시꾼 매어 놓은 밧줄을 타면
하얀 절벽, 검은 동굴
파란 바다가 눈부시다.

저녁이 가까워져 오면
어선들 힘차게 선진포구로 달려가고
비가 오면 곳곳에서 물이 쏟아지는
험하기로 소문난 물 내린 골

깊은 밤
소청등대 불빛이 밤새 회전하며 별을 부르면
별이 된 어르신들 가끔 내려오시는
대청도 물 내린 골은 별 내린 골

흑염소

능름한 수컷을 본다.
바위 절벽에서 내려다보고 있다.
꼼짝도 않고 꼿꼿하다.
긴 수염이 바람에 날린다.
거느린 암컷과 새끼가 여럿이다.
주인이 없는 것은 아니다.
몹시 추운 겨울
먹을 것이 없으면 주인에게 간다는데
주인을 버리고 주인이 된 염소들
그 염소가 외딴 절벽에서 내려다본다.
눈보라 날리는 겨울
가족을 거느리고 유유히 절벽을 넘는다.

해피

섬에 사는 개들
식구도 있고 식용도 있다.
하는 짓에 따라 바뀌기도 한다.
식구 중 몇은 참 행복하다.
온 섬이 제 영역이다.
동네마다 한두 마리씩 있다.
누구네 개인지 다 안다.
길가에서 부르면 아는 체를 한다.
오가며 묶여 있는 개들을 주기적으로 방문한다.
애절한 사랑도 있을 것이다.
운명이 어떻게 갈렸는지는 모른다.
다만 자유의 조건을 잘 알고 있을 뿐
온순하며 사람을 잘 따른다.
적어도 그런 척한다.
다른 동네에서 주인을 만나면 난처해한다.
대부분 바람둥이다.
그 중 해피가 있다.
고기 파는 식당 집 개라 고기만 먹는다.
숭어 따위는 줘도 안 먹는다.
짧은 다리로 못 가는 데가 없다.

이름 부르면 쪼르르 달려와 눕는다.
다리까지 든다.
이 녀석, 참 해피하다.

노랑부리백로

중3 아이들이 데려온 노랑부리백로
부러진 날개가 바닥에 끌리고 있다.
보건소를 보냈더니 붕대를 감고 왔는데
드러난 뼈는 회복 불능
날개를 잘라 땅속에 묻고
소독약을 발라주었다.
피망 상자에 넣어 놓았더니
고3 아이들이 '피망' 이라고 이름을 붙였다.

피망이는 미꾸라지를 먹고 생기가 돌았다.
다음날은 상자를 탈출
긴 다리로 성큼성큼 도망을 다녔다.
옥죽동 수로에 내려놓자
백로 두 마리가 마중을 나온다.
한쪽 날개로 뒤뚱거리며 가는 것을
고3 아이들이 배웅하였다.

비가 오고 바람이 불었다.
수로에 물이 차오를 때
마음은 수로를 헤매고 있었다.

비가 갠 며칠 후
한 아이가 피망이를 보았다.
피망이는 하늘로 돌아갔단다.
아마도 가는 길에
날개를 찾아갔을 것이다.

섬 아이들 1

영현이는 삼각산 밑 고주동 아이
친구들이 떠나 혼자가 되었다.
2009년 영현이는 중학교 3학년
학년 총원이 1명이었다.
소풍날 담임, 부담임, 영현이 셋이 소풍을 갔다.
시험을 보면 영현이는 언제나 전 과목 1등
학업성취도 평가 시 컨디션이 좋지 않았다.
대청중학교 3학년은 백 퍼센트 학력미달
교육청에서 긴장했고 학교는 집중관리 되었다.
영현이가 학교를 오지 않으면 전체가 수업을 못했다.
담임선생님은 종종 3학년 전체에게 밥을 샀다.
영현이는 학생회장을 했고 반장을 했다.
중학교 3학년에서 가장 예쁜 아이는 영현이
졸업식 날 졸업생에게 수여되는 상 전부를 받았다.
영현이가 고등학생이 되었을 때 혜성이가 전학을 왔다.
영현이는 여자 1등, 혜성이는 남자 1등
혜성이는 시내 학교보다 성적이 몇백 등 수직 상승하였다.
혜성이는 1학년에서 가장 키가 크고 잘생긴 학생
영현이는 반장을 했고 혜성이는 부반장을 했다.
2학년이 되자 영현이는 고등학교 전교 부회장이 되었다.

혜성이는 반장이 되었고 전교 일등이 되었다.
담임선생님은 둘을 왕자와 공주로 불렀고
본인은 여왕 마마가 되었다.

섬 아이들 2

1. 선진동 소년

열 걸음이면 닿는
바다에서 제일 가까운 집
깔끔한 대성슈퍼 집 아이
바다를 건너온 태양이 이 층 창문을 두드리면
깨어나 책을 읽던 아이
봄이면 클라리넷 소리에
집 앞까지 숭어들 찾아들고
갈매기 내려앉는 창가
옹진반도를 바라보며 자란 아이
학생이 행복한 학교를 만들고 싶은
그 미래를 상상하며 자주 혼자 웃던 아이
연평도 포격으로 어수선한 시기
서해오도 최초로 서울대에 합격하여
온 신문에 기사가 나고
청와대를 다녀온 아이
포화 속에서 건진 희망
다정한 부부의 꿈이며
서해오도의 희망
대한민국이 응원하는 꿈

2. 옥죽동 소녀

백령도는 아버지의 고향
옥죽포구가 키운 아이
모래사막 위로 떠오르는
해와 달과 별을 보며 자란 아이
그 별을 닮은 아이
고기 잡는 아버지를 두고
사회복지사의 꿈을 안고 도시로 떠난
마음 따뜻한 아이
바다에 나간 아버지의 노랫소리 들려온다.
내 사랑아
내 사랑아
나의 사랑 클레멘타인

3. 사탄동 소년

섬에서도 사탄동은 오지
바람과 모래의 마을

저녁마다 붉은 태양이 지는 일몰의 마을
그 마을에 있는 오직 한 명의 학생
버스는 그 한 명을 위해
아침, 저녁 가파른 고개를 넘는다.
겨울이면 차량이 다닐 수 없어
한 시간씩 눈길을 걸어 등교하던 아이
전복을 따고 홍합을 따던
갑죽도가 키운 아이
바다를 닮은 아이
바다 밑 고독을 아는 아이
돌아와 바다를 지킬 아이

검은왜가리

검은왜가리를 만났다.
양지동 수로 미나리 옆
물고기들이 많이 사는 곳

왜가리의 자세가 이상했다.
사람이 옆에 가면 벌써 날아갔을 텐데
부리를 길게 빼고 움직이지 않는다.

박제된 표본 같다.
작은 돌을 옆으로 던져보았다.
눈동자만 달아난다.

내려가 보니 부리가 가는 그물에 걸려 있다.
부리를 감싸 쥐고 주머니칼로 그물을 잘라 주었는데
잠시 쥐고 있던 부리, 가볍고도 따뜻했다.

동백나무 자생 북한지에서

북위 37도 50분
한계점에 와서 군락을 이룬 동백나무들
수많은 실패 끝에 자리 잡은 사탄동 골짜기
북쪽은 겨울바람을 막아주는 바위 절벽
남쪽은 제일 먼저 남풍이 불어오는 곳
철새의 배설물에 담겨
조류와 바람을 타고
수만 년을 이어온 도전
때로 강한 바람이 얼굴을 후려치고
매서운 추위에 언 다리를 절며
산불과 홍수를 피해 여기까지 왔겠지
밀물 같은 도전이 있어 성공한 거지

학교를 졸업하고
썰물처럼 섬을 떠나는 아이들아
밀물이 되어 새로운 땅에 상륙하렴
대청의 동백나무처럼 한계를 넘어 자생하렴
발붙일 수 없을 것 같은
견딜 수 없을 것 같은 한계가 올 때면
서북쪽으로 고개를 돌려

너의 고향
사탄동 골짜기
바로 그 동백나무를 생각하렴

농어를 찾아서

내가 아는 그는
농어를 닮았다.
맑고 큰 눈동자며
큰 입이며
길고 가는 몸이며
은백색의 비늘이며
날카로운 등의 가시까지가 닮았다.

다가서면
하얀 포말 속에 숨었다.
어느 날
빠른 조류를 타고
멸치 떼를 쫓아가 버렸다.

나는 자주 색색의 루어를 들고
바다로 나선다.
하얀 포말을 향해 캐스팅한다.
플로팅 타입에서 서스펜드로
다시 싱킹으로 바꾸어도
반응하지 않을 때

저녁이 오는 풍경은 옛날과 닮았다.

그를 닮은 농어
반짝이는 미노우를 달고
녹슨 바늘처럼
떠도는 바닷가의 날들
내 아름다운 방황의 시절

시름도 때로는 미끼가 된다

주르륵
아이 주먹만 한 100호 봉돌은
두 개의 바늘을 끌고
뒤도 돌아보지 않는다.
집을 나설 때 조끼 주머니마다 담아 온 시름
바늘에 꿰어 본다.
너무 길어 단번에 꿰어지지 않으면
절반을 잘라 보는데
검푸르게 묻어나는 아픔
미늘에 걸려 허둥대는 시름을
심해로 보내고 나면
가는 줄 하나로만 남는다.

후드득
잡념을 한순간에 날려 보내는 떨림
원시부터 이어온 사냥의 본능이
내부에서 춤춘다.
맹렬히 뛰는 심장
떨리는 손끝으로 릴을 감으면
불가사리 같은 허무

때로 희망은
강렬한 펄떡임으로 비늘 반짝이는데
돌아오는 길 아이스박스 속
시름과 맞바꾼 우럭 몇 마리
아가미 활짝 벌리고 누워 있다.

꺽주기

늦가을
꺽주기의 여행이 시작된다.
풍선같이 부푼 배를 하고
심해에서 갯바위로
기어나온다.
곳곳에서 생명을 먹여 살린다.

선장들은 해안 가까이 그물을 친다.
그물을 통과하면 꺽주기꾼이다.
장대 끝 갈고리로 단번에 찍어낸다.
배를 갈라 알을 꺼내면 깃발이 된다.
집집이 빨랫줄에 나부낀다.
겨우내 오물거리며 알을 씹는다.

홍합 틈에 알을 낳았다.
알은 도둑들을 먹여 살린다.
쥐노래미, 우럭이 달려든다.
게들은 집게발로 뜯어 먹는다.
간조 시 드러난 알들
갈매기의 식탁이 되었다.

한겨울
눈보라를 뚫고 내려간 간조의 갯바위
홍합 틈에 박힌 한 덩이 알
알 속 수십 개 눈동자
마주 보았다.
새로운 시작을 준비하고 있었다.

바늘

1. 홍어 바늘

산 속 오솔길
홍어 낚시 바늘이 있다.
튼튼한 줄에 촘촘히 달렸다.
무릎 높이로 가로질렀다.
용도가 궁금했는데 의문은 나중에 풀렸다.
주인 없는 염소를 잡기 위한 것
심해를 기어 다니다 걸리는 홍어처럼
염소의 등을 꿰뚫기 위한 것이다.
몸부림치면 주변의 바늘이 달려든다.
늘 반짝이는 것을 조심해야 한다.

2. 되찾은 바늘

낚시를 하다 보면
잃어버린 바늘을 되찾곤 한다.
줄을 끊고 물고 가버린 바늘
한참 후 올라온 물고기는

주둥이에 또 하나의 바늘을 달고 있다.
놀라서 숨었다가는
아픈 기억을 잊고 다시 나온 것이다.
유혹의 미끼
파멸의 주변을 맴도는 주기가 다를 뿐

3. 주사바늘

어민의 집마다 가득한 바늘
출항하는 배마다 넘치는 바늘
부족한 바늘은 보건소에 있다.
공중보건의 근무하는 보건소
바늘은 부족하고 무뎌서
주민은 자주 적기를 놓친다.
병을 키운다.
때로 절실한 바늘, 생명의 바늘
때론 불신의 바늘

기린도

본래 형제였다.
소청, 대청, 백령, 기린
옹진반도가 낳은 자식들
NLL 건너 기린도가 있다.
기린 같은 목을 하고
건너다본다.

본래 자주 오가던 곳이다.
옹진 가다 들렀던 곳
물고기 팔러 가던 곳
시집가고 장가가던 곳
밤마다 불빛
건너온다.

본래 없던 선이다.
줄 끊어진 통발처럼
무수한 생명 끌어들인다.
NLL 사이에 두고
장사정포 번뜩일 때
참수리호 눈매 매섭다.

도장골

고사리의 길
더덕의 길 따라가다
옛 집터를 만난다.
무너진 돌담
우물터, 빨래터
앞마당은 산미나리밭이 되었다.
뒤란 조릿대가 빽빽하다.

먼 시절
돌담을 쌓던 남자
상사화를 심던 여자
잎을 보고 떠난 남자
장마 끝에 잎들은 사라지고
꽃이 피어도 여자만 남았다.
조릿대를 닮아가는 여자

모두가 떠난 자리
소복한 산미나리꽃
파도처럼 일렁이는 대나무
상사화는 피었다 진다.

절망의 바다를 바라보며

삼월의 추운 밤
거센 바람 소리를 뚫고
헬기 소리가 들려왔다.
응급환자가 육지로 이송되고 있었다.
백령과 대청 사이
온 나라의 시선이 쏠렸다.
두 동강 난 천안함은
차가운 바다에 잠겨버렸다.
희망의 끈은 쉽게 놓지 못했다.
버틸 수 있는 공기량은
썰물처럼 빠져나가고
안타까운 시간은
구조대를 바닷속으로 밀어 넣었다.
정조 타임이 오래 지속되기를
삶도 예전 상태로 정지하기를 모두가 바랐다.
차디찬 조류는 잠수정처럼 다가와
한 준위의 목숨을 앗아갔다.
실종자 수색을 돕던 98호 금양호가 침몰하고
두 명의 선원이 목숨을 잃었다.
대형 크레인과 독도함이 옮겨왔고

독도함 너머로 속절없이 태양이 졌다.
주민보다 많은 기자가 오가고
최초로 대통령이 다녀갔다.
20일 만에 함미가 인양되고
29일 만에 함수가 인양되는 동안
한 달 내내 절망의 바다를 바라보았다.
승조원 104명 중 58명은 생존했고
40명의 시신이 수습되었다.
6명의 시신은 끝내 찾지 못했다.
연봉바위 근처였지만 연꽃으로 떠오르지 못했다.
저녁이면 가족들의 슬픔이 멀리서 반짝거렸다.

방공호 속에서

벌컨포 소리가 섬을 흔들었다.
연평도에 포탄이 떨어지고 있었다.
사이렌이 온 섬을 울리고
대청학교 학생들은 서둘러 귀가했다.
마을마다 설치된 방공호의 문이 열리고
삼십 년 만에 대피가 이루어졌다.
늦가을 컴컴한 방공호 속
꼽등이와 거미가 봉변을 당했다.
라이터 불꽃과 촛불 연기 속에
꼽등이와 거미들이 쫓겨났다.
불에 그슬려 오그라들거나
차가운 공기 속으로 밀려났다.
연평 주민처럼 쫓겨났다.
습한 방공호 바닥에 담요를 깔았다.
옷깃을 단단히 여며도
환기구멍으로 찬바람이 파고들 때
콘크리트 천장 밑에 있어도
두려움이 쿵쿵거렸다.
안부를 묻는 전화가 방사포탄처럼 쏟아졌다.
북한의 무모한 계획이 떠돌기도 했다.

방공호 속의 밤은 더욱 어두웠다.
면사무소에서 마을마다 인원점검을 했고
을종사태 휴업으로 학교의 문은 잠겼다.
11월이 다 가도록 교문은 열리지 않았고
방공호의 철문이 자주 열리고 있었다.

2부 생명

알들은 어떻게 되었을까

메마른 여름, 한낮의 도시엔
강줄기와 물웅덩이가 지천이다.
서둘러야 한다.

된장잠자리는 분명히 그와 같이 본 것이다.
뜨거운 태양에 몽롱해진 겹눈으로 내려다볼 때
번들거리는 아스팔트는 여러 갈래 강줄기였다.
녹색 에나멜 농구장은 분명히 저수지였다.
형형색색 펄펄 끓는 자동차는 둠벙이었다.
지열 아지랑이 물결처럼 번들거리는 한낮의 도시
수십 마리 된장잠자리들
혼인 고리로 연결한 채 톡, 톡, 톡
신기루 사라지기 전에 톡, 톡, 톡

뜨거운 문명의 껍데기 위
뱉어 놓은 옥수수 알같이
오물이 되어버린 알들

로드킬과 만나다

너구리가 가드레일을 넘는다.
그가 검은 혹은 회색의 강가에 섰을 때
분간할 수 없는 속도로 지나가는 두려움
네 발의 중심을 뒤흔들며 물비린내 나는 숲을 관통하던 바람
혹은 골짜기를 굴러 내리는 돌쯤으로 여겼으나
숲을 향해 뭉개진 몸을 끄는 선홍색 고깃덩어리였다가
덜컹거리는 털가죽이었다가
검붉은 얼룩으로 오래 남는다.

견인차의 숨 가쁜 조명이 로드킬을 재촉하는 고속도로
장전된 견인 고리가 예리하게 빛날 때
무수한 스키드 마크로 남은 죽음들
벗겨져 털가죽처럼 구르는 타이어 조각이었다가
깨진 별의 가루같이 우울하게 반짝이다가
쏟아 부은 한 동이 붉은 페인트처럼 남은 흔적들
아직은 안락한 시트 속
시속 160킬로미터로 추월해가는
거친 너구리를 길 위에서 만난다.

사육제

—공장식 농장의 기계 1

꼭 맞는 우리를 준비한다.
항상 땀이 흐르는 온도를 유지한다.
묽은 고지방의 사료를 끊임없이 먹게 한다.
네 개의 무력한 위가 가득 차도, 갈증으로 또 먹게 한다.

명품의 색
창백한 핑크는 빈혈의 빛깔
철창을 긁어먹지 못하도록 우리는 꼭 나무로 만들어야 한다.

칼날이 지날 때면 펼쳐지는 표백된 길들
고통은 넉 달 동안 네 배로 자라
신선하고 붉은 꽃으로 핀다.
명품 코너 유리장 안은 언제나 즐거운 꽃밭이다.

최고의 마블링은
송아지가 제 살 속에 하얗게 박아 넣은 길 잃은 꿈
어미를 따라 걷고 싶었던 푸른 벌판의 지도이다.

바코드처럼

–공장식 농장의 기계 2

바코드처럼
등에 붉은 글씨가 적힌다.
주인의 자랑스러운 이름
일렁이며 차량 속을 헤치고 트럭이 나아갈 때
머리를 맞대고 수군거린다, 서로 위로한다.
갑자기 터져 나온 광활한 공간
높게 위치한 적재함 속에서
빠르게 진행되는 풍경에는 두려워 눈길조차 주지 못하고
좁은 공간 속 익숙했던 눈동자들, 다시 맞추어 본다.
공포로 일렁이는 눈동자를
마지막 가는 길, 서로의 끈을 놓지 않는다.
속삭인다.
우리를 방목하라.
적어도 유목하라.
우리에게도 짧은 사랑 하나 허하라.

구제역

–공장식 농장의 기계 3

시장의 원리로 돌던
시간의 컨베이어 벨트 멈춘다.
순결한 방역팀이 굴착기와 도착하면
일제히 고개를 들어
얼어붙은 방역라인 밖을 내다본다.

효율의 날실
합리의 씨실은
견고한 방역복을 짜고
온몸을 가렸을 때
살처분殺處分의 권리를 스스로 부여한다.

깊은 구덩이 속
흰 비닐 강이 흐른다.
굴착기의 번쩍이는 이빨
두 개의 발굽에 힘이 들어간다.
떼 지어 처음 달려본다.

아! 세렝게티
누 떼처럼 강을 향해 뛰어내린다.

수평아리

–공장식 농장의 기계 4

여기서 나는 쓸모없는 운명
당신들의 현명한 결정
어미 품에 한 번 들지 못하고
철제 상자 속에서
날개 돋아나 꺼내어졌다.
노란 내 날개 한 번 퍼덕여 보지 못하고
감별사가 내 단공의 밑을 구별해 내었을 때
나는 폐기된다.
이제 내 깃털은, 날개는
동배의 암컷들 사료 속에 섞여드는 이물질異物質

친구인 줄 알고
–공장식 농장의 기계 5

오랜 세월 친구로 살았다 했다.
영혼을 나누며 짐승을 사냥했다 들었다.
간간이 들려오는 비명과 피 냄새
곧 있을 사냥에 대비했다.
쇠창살 속에서 기다렸다.
발이 끼어 설 수 없어도
쌓여 올라오는 분뇨의 냄새를 견딜 수 없어도
복종하는 내 몸짓에
다정스런 내 부름에 무관심해도
사냥준비에 바빠서라고 생각했다.
때로 난폭한 몽둥이질도 원망하지 않았다.
옆 칸 친구가 하나둘 사라져도
친구인 줄만 알았다.
내 목에 밧줄이 조여 올 때
들어 올려질 때
가만히 지켜보는 침착한 눈동자를 보면서
친구인 줄 알았다.

무단횡단

대한해협에서 교통사고가 났다.
가해자와 피해자가 분명하지 않다.
고래가 근육의 힘으로 상속받은 영토의 물살을 가를 때
쾌속선은 생각의 속도로 고래의 몸통을 가른다.
감지되지 않는 위험
쓰나미를 피하던 육감도 무용지물이다.
둔탁한 충격으로 배가 흔들리고 승객들이 넘어진다.
고래는 빙그르르 돌며 토막 나 가라앉는 낯선 몸통을 본다.
붉은 산호 같은 살점들을 본다.
잘려나간 꼬리지느러미를 흔들어 본다.
결론은 무단횡단
스크루에 묻어난 밍크고래의 살점이 결정적인 증거
원인은 고래 개체 수의 증가
해결방법은 포경선을 다시 띄우는 것

가물치

해가 지고도 매미 소리는 한참이나 그치지 않는다.
나무 그림자 속에서 가물치 한 마리가 어둠을 물고 올라온다.
살림망에 넣자 퍼덕거린다.
어둠에 눈감는 자와 눈뜨는 자의 목마름
짧은 여름밤은 징거미새우의 눈동자처럼 붉다.
맹목적 의지가 만들어 내는 온갖 소리 속에서
몸이 단 매미가 어둠의 창살을 자꾸 흔들고 있다.
새벽, 갑자기 밝은 빛이 내리꽂힌다.
그때 일제히 터져 나오는 매미 소리
가물치가 튀어 오른다.
낚싯대를 거두며 푸른 중심을 향해 살림망 매듭을 열어 놓았다.
가물치는 문득 물 밖에서 퍼덕이는 나를 돌아보고는
저수지에 가득 찬 매미 소리 속으로 헤엄쳐 갔다.

그 빠름이 독이다

송림동 고가도로 좌회전 차로에서
빠름이 독毒이 되는 것을 본다.

직진 차로에 내려앉다가
화들짝 비상하는 비둘기의 교만
가로등 위에서 틈을 보았던 것이다.

고속의 화물차 흔적 뒤로
확 날리는 깃털
아스팔트 바닥에 등을 대고
누워버린 모습
꼭 사람 같다.

그 빠름이 독이다.
도심의 비둘기처럼 재빠른 문명

신들의 영역이든
순수의 공간이든
약자들의 터전이든
틈 노리며 번득이는 눈빛

미세 먼지 가득한 고층 건물 이곳, 저곳에서
붉은 눈알 굴리며 내려다본다.

검은 바닥을 바라보며

겨우내 성업했던 하우스 낚시터
양수기로 퍼 올려 처절하게 드러난 바닥
한 길 물속 썩은 바닥을 알지 못하고
사람들은 흐린 물가에 둘러앉아
팔이 아프도록 물고기를 잡았다.
물 위에서 마냥 행복했다.

바닥의 검은 흙을 안식처 삼은
양식된 물고기들
끊임없이 공급되는 온수
하늘의 축복인 양 떨어지는 떡밥과 생미끼들
주는 자의 손에서 그들은 신성神性을 보았다.
물속에서 마냥 행복했다.

검은 바닥을 벗어나도
또 다른 검은 바닥
하우스를 벗어나도
결국은 하우스
푸른 통 속 물고기처럼 팔려와
세상 속에서 마냥 행복하다.

천장天葬

누구나 한 줄기 바람이 된다.

하늘에 장례를 치르는 티베트 사람들
승려와 천장사는 시신을 메고 묵묵히
하늘 가까이 언덕을 오른다.

히말라야 영원 설산의 봉우리 사이로
피어오르는 한 줄기 연기
저승사자보다 가벼운 날갯짓으로 모여드는 하늘 독수리
천장사는 배를 갈라 살과 뼈를 던져주는데
마지막으로 남는 건 언제나 선한 영혼이 담겼던 그릇
그것마저 도끼로 부숴 던져주고는
무심히 내려가는 그들

상승 기류를 타고 수직으로 오르는 하늘 독수리
팔천 미터 고봉 사이로 영혼까지 가져가는 그들
가는 자나, 보내는 자나, 먹고 가는 자들까지
고원에 부는 한 줄기 바람이다.

도축장 옆 안마시술소

소의 울음을 귓전에 매달고
피 냄새, 오물 냄새를
소주로 씻어내던 사내가 들어선다.
소의 눈망울 같은
붉은 조명 아래 누워
자신을 거쳐 간 소들의 숫자를 어림해 본다.
단번에 구멍을 뚫으면
쑥 빠지는 기운
목을 잘라 피를 빼고, 배를 가르면
쏟아지는 내장들
껍질을 벗겨 걸어 놓으면
상품이 된다.
기억하지 않아도 되는

안마 침대 위에 누워 기다리는 남자
해체되기를 기다리는 소의 몸통처럼 순하다.
축산물 상가에서 마주치는 사체들
편안하다.
소의 정수리에는 언제나 환한 구멍
남자의 정수리에서 검은 구멍을 본다.

구멍 속 어둠에서
얼굴 없는 남자들을 헤아려 본다.
껍질을 벗겨 목을 뽑고, 팔다리를 잡아 빼면
쏟아지는 오물
깨끗이 씻어서 돌려세우면
그녀는 상품이 된다.
나서는 순간 기억할 필요가 없는

작약 한 뿌리

아파트 화분에 담긴
고향 밭 한 아름
자주색 뿔로 돋아난 동심

한 시절 내가 아는 세상 전부를
주먹만 한 꽃으로 메운
꽃가루 얼굴 가득 묻히고
마음껏 꺾어도 너그러웠던 뿌리

봄이 지나도록
꽃은 피지 않았다.
피멍든 잎이 간당간당
흰 반점이 생기고 말라갈 때
도시의 공기를 탓했다.

다시 봄
기척이 없다.
삼 년 만에 파 보니
아이 손가락만 한 뿌리 하나
창틀을 넘어가고 있었다.

바지락 칼국수

바지락 하나가 입을 다물고 있다.
여덟 살 호기심이 벌리려 한다.
열지 마라
펄펄 끓는 짠 국물도 열 수 없었던 독한 슬픔
끝내 바지락을 열어젖혔다.
꽃무늬 바지 위로 번지는 얼룩
터지는 울음
삶 속에 섞여 있는 죽음
생명을 야금야금 파먹는 것들
살아도 죽은 것 같고, 죽어도 산 것 같은
입을 열지 않았던 조개의 사연
죽어서도 썩지 않았다는 한 많은 망자처럼
새끼라도 품었을까
빠져나가는 살점 대신 개흙을 꾸역꾸역 삼키고
어금니를 꽉 깨물었던 걸까

새우도둑

삽교에서 길을 잃었다.
물길을 따라 가다 보니 새우양식장이다.
수차가 레이더처럼 쉼 없이 돈다.
양식장 전체가 촘촘한 그물이다.
요즘 이런 그물은 어디든 있다.
배밭에도 사과밭에도 복숭아밭에도
주렁주렁 달린 것들
새우양식장에 새들이 주렁주렁 열렸다.
참수되어 성문에 내걸린 도둑을 보라
새들에 대한 경고로 주인은 그냥 두었는데
건너편에서 왜가리 두 마리가 좁은 그물코로 고개를 들이민다.
민물 같은 새의 욕구와 짠물 같은 인간의 욕망이 만나는 곳
삽교에 새들이 주렁주렁 열렸다.

제국의 역습

풀들이 성장을 멈추는 아침
그들은 온다.
날 선 무기를 들고
엎드려 절한다.
경건한 의식이 끝나면
전쟁이다.
천둥을 앞세운 독한 연기
돌조각과 불똥이 튄다.
여왕이 들려준 이야기
예전 그들은 이렇게 적대적이지 않았다는데
사각거리는 낫질 소리로 다녀갔다는데
오늘 제국은 멸망의 위기다.
벌침을 꺼내 들고 신호를 기다려라.
한 발 더 다가오면
이제 역습이다.

카멜레온

각각의 눈동자가 따로 움직인다.
사각死角이 없는 감시의 눈길
몸 색깔을 자주 바꾸어도
그의 영토 안에선 숨을 곳이 없다.

카멜레온이 제일 싫어하는 것은 카멜레온
나뭇가지 하나를 점령하고
다른 카멜레온의 접근을 막는다.
한사코 밀어서 떨어뜨린다.

도시의 거리마다
지하철과 버스마다
학교와 직장마다
수많은 카멜레온

뒤룩뒤룩
눈동자를 굴리고
상황에 따라 색깔을 바꾼다.
한사코 서로 밀어내고 있다.

선인장

식물원 온실은 신비의 공간
진화가 얼마나 빠르게 일어나는지
그중에서도 잎 넓은 선인장이 으뜸이다.

선인장은 스스로 글자까지 만들어 내고 있다.
제주부터 서울까지 전국적인 현상
온실에 선인장을 심어 개장만 하면
빠르면 며칠, 늦어도 한 달이면 충분하다.

선인장은 또 사람을 얼마나 좋아하는지
새겨내는 글자마다, 문양마다
사람 이름 아니면 사랑이고
하트 문양이다.

3부

인생

개나리

산꼭대기 새집을 지은 젊은 주인
친구들은 개나리를 심어 주었다.
산 속에서도 꽃은 잘도 피었다.

개나리는 산 아래 두고 온 삼 남매
어린 자식들 대신
가까이 두고 지켜보라 하였다.

병아리 같은 꽃송이들
시샘하는 추위에 떨 때
할미꽃처럼 고개를 떨구었을 것이다.

십 년이 하루같이 흐르길
개나리가 스스로 몸을 키워
온 산에 번져 나가기를 기도했을 것이다.

오래된 향나무

카바의 검은 돌을 순례하는 무슬림처럼
오래된 너의 곁을 돌아본다.
너의 몸은 뒤틀려 있고
거친 피부는 들떠 있다.
밑둥치에는 젊은 시절의 상처
도끼 자국 선명하다.
절반만 살아 있는
나머지는 말라버린 가지들 사이
삶과 죽음이 나란히 있다.

상처 입은 향나무 같은
유복자 마호메트
어머니마저 잃고
숙부 손에서 자라난 슬픔 덩어리
그를 선택한 하디자
말라버린 가지 같은 미망인
스물다섯의 그가 마흔 살의 그녀와 살아낸 세월
마호메트는 그녀의 임종까지 성실하였다.

숭고한 사랑의 힘일까

마호메트는 히라산 동굴에서
신의 부름을 받았다.
그를 넘어
그녀를 넘어
백성 앞으로 나아갔다.
전쟁의 땅, 시련의 땅에
한 그루 희망이 되었다.

불거지

한여름, 아버지는 불거지 같았다.
붉고 푸른 비늘을 번쩍이며
강둑에 서 있었다.
새끼 피라미처럼 붙어 서서
같은 곳을 바라볼 때
물 비늘 위에 얹혀 맴도는 시간

멈칫멈칫 다가서다 문득 돌아서고
다시 다가와 지느러미 흔들며 뱉어내는
모래의 시간
유리어항 너머 사람의 시간으로
한 마리 불거지가
벽을 넘는다.

건져 올린 유리어항은 빛의 궁전
졸아드는 물속에서
칼날처럼 튀어 오르던 환희
몸 없이도 남아 번쩍이던 비늘들
아버지는 이듬해
사람의 시간을 훌쩍 넘어가 버렸다.

플라스틱 어항을 놓고 나니
어린 딸이 가슴지느러미 같은 손으로 붙어 선다.
물속을 내려다보고
나를 올려다볼 때
그 눈길을 따라
옛 강에서 한 마리 불거지가 헤엄쳐 온다.

일제 전자계산기

내 서랍 속에는
전자계산기가 하나 있다.
삼십 년 세월 속에서도
ON을 누르면 되살아나는 그리움

말기 암 진단을 받고 아버지는
할머니를 다시 만나 선물을 받아왔다.
일본을 오가던 이성異姓의 여동생이 가져왔다는
일제 전자계산기

손톱만 한 액정 화면
그 속에는
OFF를 눌러도 사라지지 않는
역사가 있다.

두 살 아들을 두고 일본군으로 끌려가
끝내 돌아오지 못했다는 할아버지
마지막 날에 바라보았을
팔라우의 붉은 파도가 있다.

네 살 아들을 두고
개가하던 여자
젊은 할머니의 떨어지지 않는
발걸음이 있다.

그리고 또한
똑같은 아픔을 남기고 떠나던 가을
뚝뚝 떨어지는 사루비아꽃 같은
마흔 살이 있다.

나쁜 피

사막에 깊이 묻혀 있던 복음서가 발견되었다.
서기 삼백 년
파피루스에 기록된 유다복음서
예수는 이 책에서 가롯 유다에게 말했다.
너는 그들 모두를 능가할 것이다.
인간의 형상을 빌려 이 땅에 온
나를 희생시킬 것이기 때문이다.

앙코르 와트에 가서 보았다.
무화과나무가 점령한 그곳
크메르 루주의 총알이 박힌 조각들 사이
열대의 태양이 질 때
부조된 신화가 입을 연다.
왜 악한 자들이 이곳에 함께 있습니까
천국에 도착한 선한 아들들이 따져 묻는다.
우리는 저들의 악행을 막고자 평생을 싸웠으니
저들이 있을 곳은 땅 밑입니다.
오묘한 신의 섭리는 달랐다.
그들은 자신의 역할에 충실했노라.

선악의 경계가 모호한
세상의 가마솥
태초부터 지금까지
나쁜 피가 끓고 있다.

메시지를 남겨주세요

–SK텔레콤 광고 '영은이편' 을 보고

벌써 한 달이다.
딸은 전화를 받지 않는다.
가만히 번호를 눌러 보았다.
열 번째 신호음에도 받지 않는다.

"영은이가 보고 싶은 분은 메시지를 남겨주세요"
낭랑한 목소리를 열 번 다시 들었다.
문자 메시지 열 통을 보냈다.

"안녕, 아빠야"
"잘 지내고 있지?"
"춥지 않니?"
"나설 때 좀 더 따뜻하게 입고 나갔으면 좋으련만"
"아빠는 네가 보고 싶어 바다에 나왔다"
"오늘 바다는 잠잠하구나"
"그날의 해일이 내 탓인 것만 같아 미안하구나"
"내일 다시 연락하마"
"영은아"
"안녕"

용궁사

촘촘히 쌓아 올린 돌탑
돌 틈마다 꽂혀 있는 색지
몰래 엿보는 붉은 마음

중년 남자의 고단한 필체
'올해는 꼭 결혼하게 …'
나이 든 여자의 외로운 필체
'좋은 인연 만나게 …'

굽어보는 관음보살
창백한 얼굴
인연의 끈을 이어보다
긴 한숨
연못에 주름이 진다.

방글라데시인의 눈동자

열두 시간 휴식 없이 옷감을 짜도
한 끼의 식사를 해결해 주지 못한다.
절대 빈곤의 나라
난립하는 신神들마저
가끔 굶어 죽는 나라

만 년 설산의 신성한 강도
배를 채워주지 못한다.
그들의 큰 눈동자가
범람을 앞둔 갠지스강물처럼
불안하게 흔들리고 있다.

해결 못할 소원들에
고뇌하는 신神들처럼
도망치듯 떠밀리듯
그들의 일부가 흘러든
여기는 물신物神의 땅

그들의 눈동자 들여다보노라면
부끄럽다.

작은 눈의 우리
범람을 앞둔 강물처럼
오만하게 흔들리고 있다.

돌개바람

눈도 없는 성난 얼굴로
허공에 집을 짓고
발도 없는 걸음으로
세상을 빨아들일 듯
등등한 기세로
휩쓸고 돌다가도
한순간
모든 것을 놓고 간다.

뿔 세우기

천마산을 오르는
일요일 오후
산길을 걸으며
산 밑을 내려다보며
뿔 세우기를 생각한다.

세월이 가면 누구나 닳는 법
누구나 원만해지는데
내 그릇은
내 덩어리는 닳아
내 마음조차 담지 못할 듯

뿔투성이 아니더라도
두려움 누르고
맑은 뿔 하나 세웠으면
의연하게 뿔을 세우고
조금 더 당당히 나아갔으면

창窓 속에서

가끔 유리장막 속 너를 만난다.
거울의 방에 갇힌 자처럼 출구를 찾지 못하는 너
긴 복도를 따라가도 벗어날 수 없다.
지쳐 바닥에 내려앉고 만다.
갈 곳이 없다, 숨을 곳도 없다
속히 벗어나지 못하면
네 절망이 네 숨통을 순식간에 끊어 놓을 것이다.

새는 빛의 폭포 속에서 떨고 있다.
밝은 쪽을 향해 날았으나
퉁, 튕기는 몸
도무지 알 수 없다고 까만 눈동자를 갸웃거린다.
조심조심 다가가 창문을 열어 놓는다.
새는 여전히 보지 못한다.
열린 창을 구별하지 못한다.

새의 모습이
절망하는 모습이
막막함에 떠는 모습이
열린 삶을 찾지 못하는

나를 닮았다.

갈 곳이 없다.
숨을 곳도 없다.
속히 벗어나지 못하면
내 절망이 내 숨통을 끊어 놓을 것이다.

오늘도 닫힌 창에 멍든
내 부리의 검푸른 빛깔

율곡기념관

감색치마 자주 고름 사임당과
흰 두루마기 율곡 선생
모자母子는 초상화로 마주 보며
세월 속에 남았는데
파주의 겨울 아침
희게 희게 맴도는 안개
자운서원 오르는 수십 계단 아래
삼백 년 느티나무 두 그루도
마주 보며 서 있다.

사임당을 여의고
금강산에 입산했던 천재 소년
하산하여 파주 땅에 묻히기까지
사임당 묵죽도 속의
대나무처럼 살았는데
길지 않은 생애
초상화 속 슬픈 눈동자
사임당의 무덤 멀리
언제나 환한 강물
율곡의 가슴속에서

임진강물로 흘렀을

어머니

블로그

그동안 잘 지내셨는가
시간이 많이도 갔네.
참 빠르기도 하네.
초등학교 동창회가 있어서 다녀왔네.
옛 마을을 지날 때
지나간 나날들을 떠올렸네.
더 뚱뚱해진 남자아이들
늙어 가는 여자아이들
고등학생 자녀를 둔 동창 애들도 있었네.
후산리 낚시터를 다녀왔네.
어둠과 함께 수몰된 마을에서
밥 짓는 연기가 올라오기도 했네.
잠 못 이루는 누군가가 걸어 올라오는 듯도 하였네.
저녁부터 아침까지
밤이 오고 가는 것을 지켜보았네.
순식간에 지나가 버렸네.
너무나 쉽게 무너질 수 있는
허상 같은 만남들, 인연들
그 삶과 닮은 이 가상공간 속에
언제 사라질지 모르는 집 한 채 지었으니

때로 그대가 이곳을 찾아오실 때
서늘한 평온이 함께하시기를

오이도역에서

여기 바다의 기억이 잊힌다면
우리 사랑도 잊힐까

그대 가슴에 귀 기울이면
지나간 시간의 물결소리 들릴까

서로에게 다가가다
화석이 되어버린 물고기

나는 떠나갈 그대 옆에 멈춘 채
화석의 꿈을 꾸고 있다.

상사화

꽃을 피우고 싶다 한다.
짧지 않은 세월
당신의 마음 밭에서 자란 것은
상사화를 닮았을 것이다.

사랑의 덧없음을 경계하고자
스님들은 절 안마당에 심었다지만
인생의 덧없음이
거꾸로 꽃을 보게 한다.

잎이 지고 꽃이 피는 상사화
엇갈린 시간 속에서
당신이 꽃이었다면
나는 나쁜 잎

당신은 덧없는 꽃을 피우고 싶다 한다.
당신은 기약 없는 잎을 보고 싶다 한다.
나는 때때로 지척에 있는
파계의 꿈을 꾼다.

아카시아

신록의 숲 위로
마른 눈이 내린다.
오월의 마지막 날
아카시아 나무는 결별 중이다.
자신의 존재를 확연히 드러냈던 그는
푸른 감옥에 자신을 가둔다.
이제 빛나는 열매를 생각한다.

해설

·
·
·

고광식

| 해설 |

페르소나, 가면 쓰고 살아가기

고광식 (시인)

1. '페르소나'라는 가면

'페르소나'란 그리스 어원의 가면이라는 뜻이며, '외적 인격' 즉 진정한 자아와는 다르게 타자에게 투영된 성격을 말한다. 이 용어는 스위스 심리학자 칼 구스타프 융Carl Gustav Jung이 만들었는데, 그는 페르소나가 있기 때문에 개인은 사회생활 속에서 자신이 맡은 역할을 충실히 수행할 수 있다고 주장하였다. 융은 인간의 마음은 의식과 무의식으로 이루어져 있으며 페르소나는 무의식의 열등한 인격이며 자아의 어두운 면이라고 말했다. 또한, 페르소나는 개인이 사회적 요구에 적응할 수 있게 해준다고 주장한다. 그 과정에서 자신의 고유한 심리구조와 사회적 요구간의 타협점에 도달할 수 있게 한다.

인간은 이성과 의지를 가지고 자유로이 책임을 지며 행동하는 주체인 페르소나가 있기 때문에 사회적 활동이 가능하다. 인간은 가족 안에서 아버지, 어머니, 자식 중 자신이 해당하는 페르소나를 쓰게 된다. 직장에서는 회사의 지위에 해당하는 페르소나를 쓰게 되고 국가 내에서는 국민이라는 페르소나를 쓰게 된다. 또한, 자신이 갈망했던 의지가 관철되어 돈과 권력과 명예를 얻는다. 하지만 융은 자기실현(self actualization)이라는 개념을 제시하여 이런 성공이 절반의 성공에 불과하다고 지적한다. 인간은 자기 지위에 맞는 페르소나를 쓰고 행동하기 위해 내면의 욕망을 억누르게 된다. 융은 이 욕망 또한 자신의 일부라고 주장한다. 사회적 가면을 쓰고 억누른 욕망과 적극적으로 타협했을 때 자기실현이 가능하다고 융은 말한다.

유병석의 페르소나는 인간 사회에서의 사회적 역할을 넘어서 동물계와 식물계까지 적용된다. 그것은 시인이 시적 화자를 통하여 시적 진실이라는 시의 독특한 방법으로 적용시켰기 때문이다. 심리학자인 융이 페르소나를 인간 사회 속에서 책임을 지며 행동하는 주체로 파악했다면, 유병석은 시적 진실이라는 방법으로 인간 사회를 넘어서 동물계와 식물계까지 그 의미를 확장시키고 있다. 시적 진실이 심리학이나 철학 또는 과학과 다른 표현적 리얼리티를 얻은 것이다. 유병석은 인간 삶의 보편적인 사건들을 성찰하기 위한 방법으로 페르소나를 생명계로 확장하여 감성적으로 독자에게 접근한다.

나는 대청도의 순비기나무
미아동 모래언덕이 내 집이지
〈중략〉
겨울에 사람들은 우리를 보고 말하지
죽은 넝쿨이야?
말라빠진 줄기인가?
〈중략〉
늦봄, 도톰한 잎들을 피워내면 우리를 보고 말하지
웬 풀이야?

여름에 우리를 보면 모두가 깜짝 놀란다네.
이제 미아동은 보라색 꽃밭
벌과 나방은 꿀을 따느라 정신없지

—「순비기나무」 부분

시적 화자는 "나는 대청도의 순비기나무"라는 페르소나를 쓰고 진술하기 시작한다. 그 진술은 "미아동 모래언덕이 내 집이지"라고 고백하여 시적 진실성을 확보한다. 유병석이 시적 화자에게 순비기나무라는 가면을 쓰게 한 것은 데카르트 이후 소외되었던 생명에 대한 관심이다. 인간 중심의 밖에 있었던 순비기나무가 비로소 생명을 얻고 인간과 대등한 지위를 확보한 것이다. 유병석이 이와 같이 알레고리를 차용한 것은 이성과 의지를 가지고 인간 사회를 넘어서는 책임을 따져보자는 의도인데, 이는 우리에게 친근한 설득력을 갖고 순비기나무를 인식하게 만드는 기제로 작동한다.

데카르트 이후 인간의 사유 속에는 신이 없었다. 뿐만 아니라 인간 이외의 생명체도 없었다. 이러한 도도한 인간의 관념은 현재 각종 포스트주의자들로 인해 도전받기에 이른다. 그들은 추방당한 이 땅의 생명체를 호명하기 시작한 것이다. 유병석 또한 소외당한 생명을 호명하는 방법으로 시적 화자에게 가면을 쓰게 한다. 이처럼 의인화시킨 대상은 비로소 인간과 동등한 지위를 획득하고, 그 대등성 위에서 인간과 소통한다. "겨울에 사람들은 우리를 보고 말하지"가 가능한 것은 화자가 쓴 가면으로 인해서다. 페르소나는 유병석의 시에서 생명이라는 거대한 용광로에서 모든 생명체들을 하나가 되게 한다. 로저스가 대화의 원칙에서 중요하게 거론하고 있는 성실성이 "죽은 넝쿨이야?/ 말라빠진 줄기인가?"로 발화되어 주체와 객체의 간극을 좁힌다. 유병석은 페르소나라는 가면을 활용하여 "벌과 나방은 꿀을 따느라 정신없"게 만들어 놓는다.

2. 각자의 가면

유병석은 고유한 감성으로 세계를 따뜻하게 해석하고, 그것들과 소통하기 위해 역지사지의 방법으로 각자의 가면을 준비한다. 생명존중이라는 가치는 때로 조류를 등장시켜 잊고 있었던 가치를 생성시킨다. 시인은 화자의 발화에 의해 화자는 생명존중을 내면화한 인간의 가면을 쓴다. 인간 중심에서 소외된 조류를 등장시켜 치료하는 모습은 현장성이 그대로 드러난다. 이처럼 개인이 사회적 요구에 적응할 수 있는 기제가 페르소나로 인해 가능해진다. 인간은 사회적 역할을 수행하는 과정에서 순수한 주체 즉 자아의 욕망을 억누를 수밖에 없게 된다. 이것이 내 안의 목소리나 내 안의 욕망을 무시하고 공동선을 찾아가는 이유이기도 하다.

중3 아이들이 데려온 노랑부리백로
부러진 날개가 바닥에 끌리고 있다.
보건소를 보냈더니 붕대를 감고 왔는데
드러난 뼈는 회복 불능
날개를 잘라 땅속에 묻고
소독약을 발라주었다.
피망 상자에 넣어 놓았더니
고3 아이들이 '피망'이라고 이름을 붙였다.

〈중략〉

비가 오고 바람이 불었다.
수로에 물이 차오를 때
마음은 수로를 헤매고 있었다.
비가 갠 며칠 후
한 아이가 피망이를 보았다.
피망이는 하늘로 돌아갔단다.

아마도 가는 길에
날개를 찾아갔을 것이다.

—「노랑부리백로」 부분

인간은 자기의 지위에 맞는 직책을 갖게 된다. 이 직책을 성공적으로 수행하기 위해선 자신의 진정한 내면적 욕구와는 관계없이 가면을 써야 한다. 이 시의 시적 화자는 교사이므로 생명존중이라는 가치로 아이들 앞에서 행동해야 한다. 어쩌면 시적 화자는 생명존중의 가치를 갖고 있지 않을 수 있다. 그것보다는 오늘 하루의 개인사나 가정사의 어떤 일에 더 신경을 쓰고 그 작고 큰 난제들을 해결하고 싶을 것이다. 하지만 시적 화자는 교사라는 페르소나를 쓰고 있기 때문에 "중3 아이들이 데려온 노랑부리백로"를 보건소에 보내 치료받게 한다. 만약 시적 화자가 성직자라면 그 직위에 맞는 근엄한 가면을 써야 하고, 정치인이라면 정치적 이상을 어떻게 현실정치에 구현할지 고민하는 가면을 써야 한다.

시적 화자의 진술은 사실 그대로의 팩트를 진술하고 있지만, 그것은 자아가 진정으로 갈망하는 욕망과는 다르다. 직위를 수행하기 위한 페르소나의 역할인 것이다. 위 시에 나타난 공간적 배경은 학교이며, 시적 화자는 교사로서 학생들을 지도하고 있는 상황이다. 따라서 시적 화자는 뼈가 드러난 회복 불능의 "날개를 잘라 땅속에 묻고/소독약을 발라"주는 행동을 하는 것이다. 참 교사로 살고자 하는 끝없는 욕망이 가면 쓰고 행동하는 것을 사명으로 여기기도 하고, 사회적 요구에 의해 어쩔 수 없이 임무를 수행하게 하기도 한다. 위의 시에서 시적 화자는 "아마도 가는 길에/날개를 찾아갔을 것이다."라고 진술하여 죽은 백로에게도 페르소나가 있음을 시사하고 있다. 인간은 가면을 썼을 때 사회에서 두 발로 직립할 수 있으며, 존재감을 타자에게 드러낼 수 있다.

영현이는 삼각산 밑 고주동 아이
친구들이 떠나 혼자가 되었다.
2009년 영현이는 중학교 3학년
학년 총원이 1명이었다.
소풍날 담임, 부담임, 영현이 셋이 소풍을 갔다.
시험을 보면 영현이는 언제나 전 과목 1등
〈중략〉
영현이가 고등학생이 되었을 때 혜성이가 전학을 왔다.
영현이는 여자 1등, 혜성이는 남자 1등
혜성이는 시내 학교보다 성적이 몇백 등 수직 상승하였다.
혜성이는 1학년에서 가장 키가 크고 잘생긴 학생
영현이는 반장을 했고 혜성이는 부반장을 했다.
2학년이 되자 영현이는 고등학교 전교 부회장이 되었다.
혜성이는 반장이 되었고 전교 일등이 되었다.
담임선생님은 둘을 왕자와 공주로 불렀고
본인은 여왕 마마가 되었다.

—「섬 아이들 1」 부분

벌컨포 소리가 섬을 흔들었다.
연평도에 포탄이 떨어지고 있었다.
사이렌이 온 섬을 울리고
대청학교 학생들은 서둘러 귀가했다.
마을마다 설치된 방공호의 문이 열리고
삼십 년 만에 대피가 이루어졌다.
〈중략〉
안부를 묻는 전화가 방사포탄처럼 쏟아졌다.
북한의 무모한 계획이 떠돌기도 했다.
방공호 속의 밤은 더욱 어두웠다.
면사무소에서 마을마다 인원점검을 했고
을종사태 휴업으로 학교의 문은 잠겼다.
11월이 다 가도록 교문은 열리지 않았고
방공호의 철문이 자주 열리고 있었다.

—「방공호 속에서」 부분

「섬 아이들 1」에서 영현이는 섬 아이의 가면을 써야 하고, 중학교 3학년 총원이 1명인 학교의 학생인 가면도 동시에 써야 한다. 시적 화자의 진술 속에서 드러나는 영현이는 소풍날에는 담임과 부담임, 영현이 셋이서만 소풍을 가고, 시험을 보아도 영현이는 언제나 전 과목 1등을 한다. 이처럼 시적 화자의 시선은 객관적으로 현실에 접근하기 위하여 감정을 드러내지 않는다. 다만, 영현이라는 섬 학교의 학생이 자신의 가면을 쓰고 사회적 역할을 수행하는 과정을 클로즈업하고 있다. 화자는 영현이가 고등학생이 되었을 때 혜성이라는 아이가 전학 오는 모습을 선명하게 이미지화한다. 화자는 "영현이는 여자 1등, 혜성이는 남자 1등/혜성이는 시내 학교보다 성적이 몇백 등 수직 상승하였다."라고 객관적으로 진술하지만, 그것은 화자가 섬 아이라는 가면을 쓴 영현이와 혜성이의 역할을 포착하는 행위에 지나지 않는다. 아이들이 반장이 되고 부반장이 되고, 왕자와 공주로 불리는 것 또한 주변 세계와 상호관계를 맺는 페르소나의 특성을 드러낸 것이다.

「방공호 속에서」 화자는 두려움을 억누르며 목소리를 낮추고 있다. 분단국을 살아가는 국민의 가면을 쓰고 행동하는 주체가 된 것이다. 가까운 섬 연평도에 포탄이 떨어지고, 사이렌이 온 섬을 울린다고 진술하는 것 또한 이성과 의지의 행동이다. 화자는 분단국 국민의 가면을 쓰고 그 역할에 충실해야 하기 때문에 "마을마다 설치된 방공호의 문이 열리고/삼십 년 만에 대피가 이루어"지는 상황에 동참한다. 화자를 알고 있는 친인척들은 그들의 가면을 쓰고 역할과 지위에 맞는 행동을 "안부를 묻는 전화가 방사포탄처럼 쏟아"지게 하고 있다. 분단국가의 현실을 오래전부터 살아온 화자는 감정의 과잉을 최대한 억제한다. 다만 "북한의 무모한 계획이 떠돌기도 했다."라고 진술함으로써 두려움에 떠는 자신을 포함한 타자의 심리상태를 노출시키고 있다. 급박한 상황은 화자의 자의식 속에서 소용돌이치지 않고 객관성을 온전히 지켜낸다. 시적 화자가 호들갑스런 행동을 자제하고 "11월이 다 가도록 교문은 열리지 않았"다고 상황적 이미지를 현장화할 때 이미 화자는 페르소나에 충실한 것이다.

유병석은 시 속에 등장하는 화자와 인물, 또는 동물들에게 각자의 가면을 쓰게 하고 그것을 관찰한다. 카메라가 어느 한 장면을 드러내고 확대하듯 장면과 장면을 분절하고 이어준다. 시인의 시선이 가 닿는 곳에 독자의 시선도 가 닿을 수밖에 없도록 시적 진술이 시적 진실을 담보하고 있다. 진술 속에 드러나는 장면의 시각화가 새로운 감성으로 우리에게 다가온다.

3. 객체의 가면과 주체의 가면

융의 페르소나를 좀 더 확장시켜 필자의 시각으로 분류한다면 객체의 가면과 주체의 가면으로 나눌 수 있을 것이다. 주체란 외부 세계나 현실 등을 인식하고 체험하며 그것에 작용을 가하는 의지적 존재, 또는 의식하는 것으로서의 자아라고 사전에 명시되어 있다. 인간들은 주체를 중심으로 세상을 보고 행동하는 양상을 띤다. 하지만 주체란 타자 입장에서는 객체에 불과하다. 현대사회에서 우리 모두는 타자화된 객체의 가면을 쓰고 있다고 보아야 할 것이다. 객체의 가면을 쓰고 있으므로 주체의 가면을 쓰고 있는 '나'는 그들을 타자화한다. 그러나 현실의 타자들 역시 객체라는 가면을 쓰고 상호작용하며 변화를 모색한다. 현대를 살아가는 자본주의 시대에 각각의 인간은 하나의 주체이면서 동시에 타자에 대해서는 객체로 존재할 수밖에 없다. 시각적으로 관찰되는 주체의 가면을 쓴 존재와 피동적으로 관찰될 수밖에 없는 객체의 가면을 쓴 존재와는 상당한 거리가 형

성된다.

너구리가 가드레일을 넘는다.
그가 검은 혹은 회색의 갓가에 섰을 때
분간할 수 없는 속도로 지나가는 두려움
네 발의 중심을 뒤흔들며 물비린내 나는 숲을 관통하던 바람
혹은 골짜기를 굴러 내리는 돌쯤으로 여겼으나
숲을 향해 뭉개진 몸을 끄는 선홍색 고깃덩어리였다가
덜컹거리는 털가죽이었다가
검붉은 얼룩으로 오래 남는다.

견인차의 숨 가쁜 조명이 로드킬을 재촉하는 고속도로
장전된 견인 고리가 예리하게 빛날 때
무수한 스키드 마크로 남은 죽음들
벗겨져 털가죽처럼 구르는 타이어 조각이었다가
깨진 별의 가루같이 우울하게 반짝이다가
쏟아 부은 한 동이 붉은 페인트처럼 남은 흔적들
아직은 안락한 시트 속
시속 160킬로미터로 추월해가는
거친 너구리를 길 위에서 만난다.

—「로드킬과 만나다」 전문

시적 화자는 주체라는 가면을 쓰고 타자인 객체의 가면을 쓰고 있는 너구리를 관찰한다. 자율화적인 타자들의 자리에 너구

리는 일반화된 타자성(otherness)으로 시적 화자의 시선에 잡힌다. 유병석은 시적 화자에게 주체의 가면을 쓰게 하고 시적 진실을 진술시킨다. 시인의 이런 의도는 계획된 방법이며 자신의 가치를 드러내는 과정으로 해석된다. 시적 화자의 눈이 카메라처럼 "그가 검은 혹은 회색의 강가에 섰을 때/분간할 수 없는 속도로 지나가는 두려움"을 잡아냈을 때, 페르소나의 역할은 시작되고 있다. 저 타자들에 대한 어쩔 수 없는 근원적인 애정이 안개처럼 인간의 마을을 점령한다. 화자의 시선은 "숲을 향해 뭉개진 몸을 끄는 선홍색 고깃덩어리였다가/덜컹거리는 털가죽이었다가/검붉은 얼룩으로 오래 남는다."에 고정되어 한없는 잔향을 일으킨다. 그 잔인한 시각적 공간감으로 독자를 전율하게 만든다. 주체의 가면을 쓴 시적 화자는 "무수한 스키드 마크로 남은 죽음들"에 초점을 맞춰 오랫동안 클로즈업시키고 있다.

오랜 세월 친구로 살았다 했다.
영혼을 나누며 짐승을 사냥했다 들었다.
간간이 들려오는 비명과 피 냄새
곧 있을 사냥에 대비했다.
쇠창살 속에서 기다렸다.
발이 끼어 설 수 없어도
쌓여 올라오는 분뇨의 냄새를 견딜 수 없어도
복종하는 내 몸짓에
다정스런 내 부름에 무관심해도
사냥준비에 바빠서라고 생각했다.

때로 난폭한 몽둥이질도 원망하지 않았다.
옆 칸 친구가 하나둘 사라져도
친구인 줄만 알았다.
내 목에 밧줄이 조여 올 때
들어 올려질 때
가만히 지켜보는 침착한 눈동자를 보면서
친구인 줄 알았다.

―「친구인 줄 알고―공장식 농장의 기계 5」 전문

데카르트는 "나는 생각한다, 고로 존재한다."의 명제를 선언하여 근대 이성주의 철학을 열었다. 이성 중심의 합리주의로 보면 인간 이외의 자연은 개발대상이었다. 인간만이 주체의 가면이 허용되었고, 인간 밖의 생명 또는 자연은 객체의 가면으로 철저하게 타자화되었다. 데카르트가 방법론적 회의를 거쳐 철학의 출발점이 되는 제1원리를 적용하여, 인간 이외의 생명이 객체가 되기 오래전부터, 이미 객체라는 가면을 쓰고 인간의 문화 안에서 페르소나에 충실했던 동물들인 가축이 있었다. 인류 역사상 최초로 길들인 가축은 개다. 기원전 1500년부터 개는 철저하게 인간 문화에 귀화하여 타자화된다.

주체인 인간과 객체인 개는 "오랜 세월 친구로 살았"고 "영혼을 나누며 짐승을 사냥했다."고 객체인 개는 주체의 가면을 쓴 것으로 착각한다. 개의 관점에서는 인간이 타자이고 객체일 수 있기 때문이다. 이처럼 의인화하게 되면 개는 객체이면서 동시에 주체라는 가면을 쓰는 것이 가능해진다. 따라서 "옆 칸 친구가 하나둘 사라져도/친구인 줄만 알았"을 것이며 심지어 "내 목에 밧줄이 조여 올 때/들어 올려질 때"까지 개는 주체론에 입각해 자신을 중심으로 인간을 본 것은 당연하다고 말할 수 있다. 강력한 치아와 턱, 예민한 후각과 청각이 인간을 위한 도구였다는 것을 개는 죽음 앞에서도 모를 수밖에 없다. 그것이 파스칼이 언명한 인간의 위대성과 다른 점이다. 인간은 죽을 때 자기가 죽는다는 것을 알기 때문이다. 사실 개의 사회성이라는 것은 인간이 길들여놓은 것에 불과하다. 객체에 대해 현실적으로 지배하고자 하는 인간 중심의 페르소나가 작용했음이다.

4. 가면 속 표정 가리키기

인간은 이상적인 사회적 동물(social animal)이 되기 위해선, 페르소나라는 가면을 써야 한다. 인간이 혼자 존재하는 것처럼 생각되어도 그 개인은 혼자서 존재하는 것이 아니다. 의식하든지 의식하지 않든지 개인은 타인과의 관계에서 존재하고 있기 때문이다. 인간 각자의 개인에게서 사회를 제거해버리면 인간의 존재는 나약하고 존립 불가능하다. 아리스토텔레스의 '정치적 동물(zoon politikon)' 이라는 말처럼 인간은 사회 공동체 안에서 완전해지는 것이다. 완전성을 지향하고 사회를 발달시키기 위해선 그 직위가 요구하는 가면을 써야 한다. 하지만 페르소나를 쓰고 자신의 역할을 수행하는 과정에서 인간은 자아가 갈망하는 욕망을 억누를 수밖에 없게 된다. 바로 이 점이 참된

자기실현으로 가는 길을 방해하는 기제로 작용한다. 인간은 내면의 노골적인 욕망과도 타협할 수 있어야 한다.

안마 침대 위에 누워 기다리는 남자
해체되기를 기다리는 소의 몸통처럼 순하다.
축산물 상가에서 마주치는 사체들
편안하다.
소의 정수리에는 언제나 환한 구멍
남자의 정수리에서 검은 구멍을 본다.
구멍 속 어둠에서
얼굴 없는 남자들을 헤아려 본다.
껍질을 벗겨 목을 뽑고, 팔다리를 잡아 빼면
쏟아지는 오물
깨끗이 씻어서 돌려세우면
그녀는 상품이 된다.
나서는 순간 기억할 필요가 없는

—「도축장 옆 안마시술소」 부분

시적 화자는 "안마 침대 위에 누워 기다리는 남자"에 시선을 고정시켜 인간 내면의 노골적인 욕망을 드러낸다. 침대 위에 누워 있는 남자는 정치인 혹은 교육자일 수 있다. 아니면 의사나 성직자일 수도 있다. 그 남자는 자본주의 시대의 수많은 직업 중 어느 직책을 가지고 있을 것이다. 그가 누구이든 어느 지위를 가지고 있든 그것이 중요한 것은 아니다. 「도축장 옆 안마시술소」에 등장하는 남자가 자기 내면의 욕망과 타협하는 순간이 중요한 것이다. 이제 이 남자는 안마시술소 침대에 누워 자기가 쓰고 있던 가면을 벗고 내면의 자기를 찾고 있다는 점을 시인은 독자에게 주지시키고 있다. 시적 화자의 시선이 가 있는 곳에서 우리는 "껍질을 벗겨 걸어 놓으면/상품이 되"는 철저한 자본주의 시대의 타자성을 확인한다. 유병석은 "해체되기를 기다리는 소의 몸통처럼 순"한 남자가 쓴 가면 속 표정을 가리키고 있다. 페르소나의 역할에서 벗어난 사내도 순하고 "축산물 상가에서 마주치는 사체들"도 편안하다. 사회 또는 세계에서 "소의 정수리에는 언제나 환한 구멍"을 확인할 때 그 역할의 무거움에서 해방되고, "남자의 정수리에서 검은 구멍을" 볼 때 또한 역할의 무거움에서 벗어난다. 인간이나 가축은 서로에게 타자로서의 객체라는 가면을 쓰고, 자본주의 사회에서는 모두 같은 "상품'으로 동일한 가면을 쓰고 있다. 유병석은 그 표정을 놓치지 않고 드러내 확장시키고 있다.

> 앙코르 와트에 가서 보았다.
> 무화과나무가 점령한 그곳
> 크메르 루주의 총알이 박힌 조각들 사이
> 열대의 태양이 질 때
> 부조된 신화가 입을 연다.
> 왜 악한 자들이 이곳에 함께 있습니까
> 천국에 도착한 선한 아들들이 따져 묻는다.
> 우리는 저들의 악행을 막고자 평생을 싸웠으니

저들이 있을 곳은 땅 밑입니다.

오묘한 신의 섭리는 달랐다.

그들은 자신의 역할에 충실했노라.

—「나쁜 피」 부분

유병석은 「나쁜 피」에서도 "앙코르 와트에 가서 보았다."라고 가면 속 표정 가리키기를 하고 있다. 「나쁜 피」에서 등장하는 인물은 "악한 자"이다. 니체는 신이 죽은 것을 알고 있었다. 하지만 종교적 관행이나 의식은 그대로 남아 있어 니체가 다시 신은 죽었다고 선언한 것처럼 유병석은 "부조된 신화가 입을 연다."라고 언명한다. 사회적 역할을 충실하게 이행하기 위해 가면을 쓴 인간들이 그 역할의 고통을 상기하며 "왜 악한 자들이 이곳에 함께 있습니까"라고 천국에 도착하여 따져 묻는다. 그들은 각자의 직책을 수행하기 위해 투쟁하여 획득한 공동선을 확인하며 "우리는 저들의 악행을 막고자 평생을 싸웠으니/저들이 있을 곳은 땅 밑입니다."라고 신에게 따진다. 이처럼 유병석의 시에서 인간은 신에게 항상 굴복하는 피조물로서의 약자가 아닌 때로는 대등하고 강한 존재로 표현되기도 한다. 하지만 신은 "그들은 자신의 역할에 충실했노라."라고 "악한 자"에게 주어진 태생적 페르소나를 확인시킨다. 결과적으로 가면 속 표정을 가리키고 그것으로부터 확인되는 인간의 "자기실현"은 신의 섭리라는 장애에 부딪힌다.

5. 참다운 '페르소나'의 존재 찾기

유병석은 사회 또는 세계를 살아가는 인간이나 생명체들이 쓴 가면에 주목하는 시 쓰기를 하고 있다. 그 가면은 인간이 사회생활을 하는 데 있어서 필요한 역할을 수행하는 적절한 자기 의지일 수도 있고, 동물이나 식물이 세계 속에서 기후나 환경 그리고 인간 사회에 적응하여 진화하는 과정일 수도 있다. 유병석이 페르소나를 드러내 주체와 객체의 관계를 찾아 스스로에게 질문을 던질 때, 우리는 참다운 페르소나에 대해 생각해볼 수 있을 것이다.

천마산을 오르는
일요일 오후
산길을 걸으며
산 밑을 내려다보며
뿔 세우기를 생각한다.

세월이 가면 누구나 닳는 법
누구나 원만해지는데
내 그릇은
내 덩어리는 닳아
내 마음조차 담지 못할 듯

뿔투성이 아니더라도

두려움 누르고
맑은 뿔 하나 세웠으면
의연하게 뿔을 세우고
조금 더 당당히 나아갔으면

—「뿔 세우기」 전문

페르소나의 역할에 대해 주목하면서, 직책 수행 과정에서 나타나는 다양한 현상과 그에 대한 양가감정 사이에서, 우리는 "뿔 세우기를 생각한"다. 뿔 세우기란 '자기실현'이라는 개념을 통해서 살펴볼 수 있다. 직책 수행을 잘하기 위해 쓰는 가면을 융은 페르소나라 명명했다. 이상적이고 바람직한 역할을 수행하기 위해서 인간은 많은 것을 포기하고 양보해야 한다. 그 직위가 요구하는 근엄한 가면을 쓰고 인간은 내적 욕망을 억누른다. 하지만 그 욕망이 어떤 것인가를 인식하고 그것과 적극적 화해를 해야 진정한 자기실현의 길을 찾을 수 있게 된다. 따라서 유병석이 「뿔 세우기」에서 "내 그릇은/내 덩어리는 닳아/내 마음조차 담지 못할 듯"이라고 근원적인 회의를 하는 것은 당연하다. 사회적 요구에 충실하려는 페르소나를 쓴 인간은 그 지점에서 자신의 욕망과 타협할 줄 안다.

미친 존재감으로 다가오는 페르소나를 인간은 경계해야 한다. 자기실현을 위해서 "뿔투성이 아니더라도/두려움 누르고/맑은 뿔 하나 세"우는 것이 인간에게 필요하기 때문이다. 페르소나에 너무 충실하면 진정한 자아의 목소리에 귀 기울일 수 없게 된다. 인간이 자기실현(self actualization)을 이루기 위해

"조금 더 당당히 나아" 가야 하는 이유가 여기에 있다. 유병석은 아우라를 상실하고 시뮬라크르가 지배하는 시대에 페르소나라는 화두를 독자에게 던지고 있다. 우리는 시인이 던진 화두를 들고 세계를 깊이 사유해야 할 것이다.

문학의전당 · 시인선 125
순비기나무

초판인쇄 2012년 2월 20일
초판발행 2012년 2월 27일

지 은 이 유병석
펴 낸 이 김충규
펴 낸 곳 **문학의전당**
출판등록 제387-2003-00048호(2003년 9월 8일)

주 소 420-752 경기 부천시 원미구 상동 392 한아름마을 1511-1603
편 집 실 121-718 서울시 마포구 공덕2동 404 풍림VIP빌딩 413호
전화번호 02-852-1977
팩시밀리 02-852-1978
전자우편 mhjd2003@naver.com
블 로 그 http://blog.naver.com/mhjd2003

I S B N 978-89-97176-21-2 03810